AF224195

LE
PEUPLE SOUVERAIN

HISTOIRE POPULAIRE

DE LA

RÉVOLUTION DE 1848

écrite sous le feu des barricades

Ornée d'un beau Portrait de

M. de LAMARTINE

Membre du Gouvernement provisoire.

Prix, 50 centimes.

Sans portrait, 25 cent. Avec les quatre portraits de MM. Arago,
Dupont de l'Eure, Ledru-Rollin et Lamartine, 1 fr. 25.

PARIS

BARBA, Éditeur, rue de la Paix, 4 bis.
GARNOT, Éditeur, rue Pavée-Saint-André-des-Arts, 7

1848

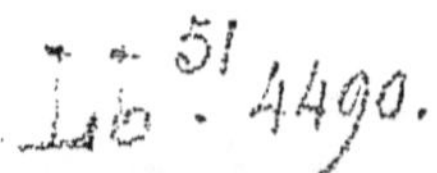

Le Peuple Souverain.

Une réaction du principe républicain vient de renverser le trône élevé, avec son appui, en juillet 1830. Esquisser à grands traits les événements qui se sont accomplis avec une effrayante rapidité dans les journées des 22, 23 et 24 février et qui ont amené la proclamation de la république, reproduire les épisodes les plus saisissants de ce dernier combat entre la royauté et la démocratie, tel est notre but. Nous voulons raconter des faits; il ne nous appartient pas de les juger.

Depuis plusieurs années, l'opposition, dans la chambre des députés, réclamait en vain une double réforme : la réforme électorale et la réforme parlementaire; ces propositions avaient été constamment repoussées par le ministère Guizot et la majorité, sous divers prétextes.

L'opposition fait appel au pays; soixante banquets, environ, ont lieu dans les principales villes de France; les députés opposants, réunis aux citoyens, y plaident la cause de la réforme.

M. Guizot avait donné l'exemple de ces réunions en assistant au banquet de Lisieux.

La discussion de l'adresse excite au plus haut point l'attention publique; les esprits s'agitent; une commission est chargée d'organiser un banquet réformiste dans le douzième arrondissement pour maintenir le droit de réunion attaqué par le ministère, et protester contre le vote de la majorité qui a consacré ces mots imprudents du discours de la couronne : *Les passions ennemies ou aveugles.* Ce banquet doit avoir lieu le 22 février. Le 21, la commission publie un manifeste qui indique aux citoyens le lieu de réunion, les invite à ne pas troubler l'ordre, et fait dans ce but un appel aux gardes nationaux, qui doivent se présenter sans armes.

Pendant la nuit du 21 au 22, un arrêté de la préfecture de police est affiché sur les murs de Paris : cet arrêté, se fondant principalement sur les lois de 1790 et 1791, invoquées par les ministres dans la discussion de l'adresse, porte interdiction de la réunion et du banquet projetés. Des mesures sont prises à cet effet. Dès-lors la lutte est engagée.

Les journaux du 22 février font connaître le défi lancé par le ministère et la réponse de l'opposition; cette réponse est un nouveau manifeste adressé à tous les citoyens : les députés opposants font ressortir le caractère de la résolution tardive prise par le gouvernement, en la rapprochant des intentions qu'il avait manifestées d'abord; ils ajournent l'exercice du droit de réunion, pour ne pas exposer la vie des citoyens; mais un acte d'accusation sera déposé contre le ministère.

Cette journée du 22 février présente le tableau confus d'une agitation vague et sans but arrêté, du moins en apparence. Les troupes occupent tous les points principaux de la capitale; dès dix heures du matin, la foule, qui grossit à vue d'œil, encombre les abords de la chambre des députés, le pont et la place de la Concorde, la rue Royale et la place de la Madeleine. Les élèves des écoles se présentent à la chambre. Les troupes les couchent en joue; ces jeunes gens découvrent leurs poitrines et disent aux soldats : « Tuez-nous ! » Ils voient les fusils se relever devant eux, et passent librement.

Vers midi, les gardes municipaux balayent la foule qui couvre le pont de la Concorde; les dragons parcourent au grand galop la contre-allée des Champs-Elysées; des huées et des sifflets accueillent la garde municipale; un cabriolet est renversé. Plusieurs charges ont lieu, une dame âgée reste sur la place; un ouvrier, atteint d'un coup de sabre, est transporté au café des Ambassadeurs.

De pareils faits se passaient devant l'hôtel du ministère des affaires étrangères. On poursuit à coups de pierres un homme désigné comme un agent de la police secrète. Des gardes municipaux à cheval chargent le peuple; un homme reçoit un coup de pied de cheval qui lui fait à la tête une large plaie.

Les portes du ministère étaient fermées; on cherche à les enfoncer à l'aide de pinces et de bâtons; on brise les vitres à coups de pierres. De tous côtés s'élèvent ces cris : « A bas Guizot! A bas l'homme de Gand! » Un garde municipal à cheval, qui porte des ordres, veut sortir de l'hôtel; assailli par les pierres, il est obligé de rentrer dans la cour. Des forces imposantes arrivent bientôt, et dès-lors, l'hôtel de la rue des Capucines est occupé militairement; les soldats de la ligne s'étendent sur toute la chaussée du boulevard, jusqu'à la rue Neuve-Saint-Augustin; le jardin de l'hôtel est rempli de troupes. Enfin une escouade de gardes municipaux à cheval vient se ranger devant la porte. Il n'y eut plus d'agression sur ce point.

Vers une heure et demie, sur la place de la Bastille, un homme signalé au peuple comme un sergent de ville déguisé est frappé de coups et reçoit un coup de couteau dans le côté. A une faible distance, se trouvait un corps de garde de troupes municipales; les soldats ne sont intervenus que pour relever le malheureux abandonné sur le pavé.

Vers deux heures, les boutiques étaient encore ouvertes au Palais-Royal et dans les quartiers environnants. Elles se sont fermées devant un rassemblement de deux ou trois cents individus qui s'est dirigé vers la place de la Bourse, par la rue Saint-Honoré et la rue Vivienne, en chantant la *Marseillaise* et le *chœur des Girondins*. Ces hommes ont pillé une voiture de bois, arrêtée devant la porte d'un boulanger. Les sentinelles de la Bourse se sont repliées à leur approche; ils ont continué leur marche et se sont dirigés, par les boulevards, vers la place de la Bastille.

Vers deux heures et demie, une centaine d'hommes en blouse construisent dans les Champs-Élysées, près du Cours-la-Reine, deux barricades avec des bancs et des chaises. Cette troupe sans armes cerne un poste de six hommes, qui se retranchent dans le corps-de-garde et ferment la grille. Un ouvrier l'escalade audacieusement, son exemple est suivi, et le peuple pénètre par une fenêtre. Il s'empare du poste sans résistance, et veut y mettre le feu.

Ces événements jettent l'alarme parmi la foule qui assiége le boulevard; presque toutes les boutiques sont fermées. Il est trois heures.

On essaie dans la rue de Rivoli, dans la rue Saint-Honoré et dans les rues adjacentes, de construire des barricades. Les omnibus, les voitures sont arrêtés, les pavés soulevés. L'arrivée des troupes rétablit bientôt la circulation. Des enfants de douze à quinze ans invitaient, avec une sorte de politesse, les personnes qui circulaient en voiture, à descendre, et aussitôt la barricade se formait; les pavés soulevés par des barres de fer s'amoncelaient.

Des gardes municipaux à cheval ont fait des charges jusque dans la rue Basse-du-Rempart. La foule affluait toujours par les escaliers du boulevard, et de nouveaux groupes se formaient derrière les gardes municipaux. Plusieurs magasins d'armuriers ont été forcés; on y a trouvé seulement quelques fusils et des lames de sabre.

Le peuple était dans la rue, et à la chambre on discutait la prorogation des priviléges de la banque de Bordeaux.

A la fin de la séance, M. Odilon Barrot a déposé un acte d'accusation contre le ministère, comme coupable d'avoir trahi au dehors les intérêts de la France, faussé les principes de la constitution, trafiqué des fonctions publiques, ruiné les finances de l'État, attenté aux droits des citoyens. Parmi les signataires, on remarque MM. Odilon Barrot, Duvergier de Hauranne, Dupont (de l'Eure), L. de Malleville, Garnier-Pagès, Crémieux, etc.

A six heures seulement, le rappel destiné à rassembler la garde nationale est battu dans les divers quartiers. Un petit nombre de gardes nationaux répond à cet appel. Dans la 2e légion, sur 8,000 hommes, 554 seulement se sont rendus à la mairie; la proportion a été la même dans la 1re et dans la 3e légion.

Vers huit heures, une colonne composée de plus de deux mille personnes, mais mal armée, se porte sur le quartier du Marais. Sur la route, des hommes frappent aux portes des maisons, s'y introduisent et s'emparent des armes qui s'y trouvent. Ils se répandent dans les rues qui aboutissent à la rue Saint-Louis, et des barricades sont élevées. Les troupes cernent bientôt ce quartier de tous côtés.

Quelques engagements ont lieu pendant la nuit sur divers points. Des canons sont amenés de Vincennes et mis en batterie sur la place du Carrousel, sur la place de la Concorde, sur les quais, dans la rue des Coquilles, près de l'Hôtel de-Ville et dans la rue de la Verrerie.

De son côté, le peuple n'est pas resté inactif; partout s'élèvent des barricades.

A sept heures, le rappel est battu dans tous les quartiers; la garde nationale s'empresse de se réunir. La foule se porte aux

Champs-Élysées ; à neuf heures, des rassemblements se sont formés sur les boulevards Bonne-Nouvelle, Saint-Denis, du Temple et dans les rues adjacentes. D'autres rassemblements partis du Panthéon se dirigent vers la rue Saint-Martin. Le peuple s'empare des postes de la rue Geoffroy-L'Angevin et de la rue Sainte-Croix-de-la-Bretonnerie ; il se procure ainsi des armes, et le combat s'engage. Pendant une partie de la journée, le peuple, retranché derrière les barricades, répond au feu des troupes.

Ici commence véritablement le rôle de la garde natiouale ; son attitude va diminuer, du moins pour un moment, les dangers de la situation ; les citoyens, tout en insistant sur la nécessité des réformes, vont s'interposer entre le peuple et la force armée.

La 2ᵉ légion s'est réunie en assez grand nombre ; aux exhortations de son colonel, elle répond par la promesse de maintenir l'ordre, mais aussi par une énergique protestation contre la politique du ministère et par le cri de *Vive la réforme !* Ces manifestations engagent le lieutenant-colonel, M. Baignères, à se rendre auprès du duc de Nemours ; cet officier fait connaître au duc les dispositions de sa légion, et lui dit qu'il ne peut plus en répondre, si les concessions demandées par l'opinion publique ne sont pas obtenues.

La 3ᵉ légion est également assez nombreuse ; elle s'est réunie de bonne heure sur la place des Petits-Pères, où est située la mairie du troisième arrondissement. Chaque nouveau peloton signale son arrivée par les cris de *Vive la réforme ! à bas les ministres !* A onze heures, un groupe nombreux, mais inoffensif, s'était formé sur la place ; un peloton de garde municipale s'avançait au pas de course par la rue des Petits-Pères ; le dévouement d'un officier de la garde nationale, M. Degousée, empêcha l'effusion du sang. Cet officier écarta les baïonnettes au péril de ses jours ; les gardes municipaux exaspérés refusaient de l'entendre. Deux baïonnettes menaçaient sa poi-

trine ; les gardes nationaux accoururent et parvinrent à le dé-
gager. Enfin, cédant à leurs prières, l'officier de la garde municipale fit rentrer ses soldats dans leur caserne. Le colonel de
la 3ᵉ légion, M. Besson, pair de France, se rendit auprès de
M. le général Jacqueminot, et lui fit part des vœux émis par la
garde nationale. Le général en chef promit de se faire l'inter-
prète de la 3ᵉ légion auprès du roi.

Des patrouilles de gardes nationaux, suivies par la foule,
parcouraient ce quartier en criant *A bas les ministres! vive la
réforme!* A deux heures et demie un général d'état-major de la
garde nationale annonça officiellement la démission du ministère.

Sur d'autres points, l'intervention de la garde nationale a
préservé des citoyens inoffensifs. Rue des Jeûneurs, à onze
heures, deux compagnies de la ligne, qui venaient d'enlever
une barricade au coin de la rue de Cléry et de là rue Poissonnière, se précipitaient, la baïonnette au bout du fusil, sur les
groupes sans défense. Un homme venait d'être renversé et
foulé aux pieds. Sur les instances de M. Perrée, capitaine de la
2ᵉ légion, le capitaine a arrêté sa compagnie, et lui a fait
mettre l'arme au bras. La foule a pu se dissiper sans danger.

Vers trois heures et demie, quatre à cinq cents gardes
nationaux de la 4ᵉ légion, parmi lesquels on comptait
vingt-cinq officiers, se sont présentés, sans armes, chez M.
Crémieux. Une foule immense les accompagnait ; cette mani-
festation s'est faite avec beaucoup de calme ; M. Crémieux
était à la chambre : les gardes nationaux s'y sont rendus ;
mais, arrêtés sur le pont de la Concorde par un détachement
de la 10ᵉ légion, ils ont dû envoyer leurs pétitions à M.
Crémieux ; ce dernier, accompagné de MM. Marie et Beau-
mont (de la Somme), a quitté la séance pour répondre aux
pétitionnaires. Il les a harangués sur le pont, pour les exhor-
ter à empêcher l'effusion du sang, et leur a promis de présenter
les pétitions à la chambre. Sur l'invitation de M. Marie, les

gardes nationaux se sont retirés avec beaucoup d'ordre.

A la chambre, M. Vavin demandait l'autorisation d'interpeller le ministère sur la situation de la capitale. L'honorable député s'est plaint de la convocation tardive de la garde nationale; il a demandé si l'ordre de la réunir n'avait pas été donné le lundi matin, et s'il était vrai que dans la nuit du lundi au mardi cet ordre eût été rapporté. M. Guizot a répondu qu'il ne jugeait pas à propos d'entrer dans aucun débat sur ces interpellations; il a annoncé que le Roi avait fait appeler M. Molé pour le charger de former un nouveau cabinet. La chambre, vivement émue, a maintenu à l'ordre du jour des bureaux l'examen des propositions déposées contre les ministres, malgré les observations de M. Dupin, qui a insisté sur la nécessité de rétablir l'ordre, et sur les dangers d'une discussion aussi irritante. M. Odilon-Barrot s'était soumis d'avance au vote de la majorité. La séance a été levée au milieu d'une vive agitation. A la chambre des pairs, MM. de Boissy et d'Alton-Shée ont voulu interpeller les ministres : la chambre ne les a pas écoutés.

A quatre heures la chute du ministère était connue de tout le monde; cette nouvelle mit fin à la lutte. Cependant à sept heures et demie du soir, un combat avait encore lieu rue Bourg-l'Abbé, entre le peuple et cent cinquante gardes municipaux. Cernés par la garde nationale, ils lui ont remis leurs armes.

A quatre heures et demie, la 5e légion avait fait cesser un engagement du même genre, dans la rue du Faubourg-Saint-Martin.

Sur tous les autres points les troupes avaient disparu; à cinq heures et demie, on circulait librement dans les rues de la capitale. Le calme paraissait renaître; l'heureuse nouvelle était répétée dans tous les groupes. Plus de barricades. Le peuple était mêlé aux gardes nationaux. A huit heures, les fenêtres étaient illuminées. Paris avait un air de fête. Les personnes, que les événements de la journée avaient confinées dans leurs demeures, sortaient pour jouir de ce coup-d'œil. Il y avait eu à la Bourse une hausse de 40 centimes sur la rente.

A neuf heures, un rassemblement se porte sur la place Vendôme, sous les fenêtres de M. Hébert, ministre de la justice. Plus de huit mille personnes prennent part à cette démonstration ; on crie : *A bas Hébert! A bas l'inventeur de la complicité morale!* On demande que toutes les fenêtres soient illuminées.

A dix heures, tout change d'aspect. Le bruit de la fusillade se fait entendre, et tout le monde est saisi d'effroi. Un attroupement, venant des boulevards, s'est présenté au ministère des affaires étrangères ; on ne veut pas lui livrer passage ; la troupe de ligne tire à bout portant sur la foule, qui fuit dans toutes les directions ; plus de quarante personnes restent sur le pavé, et quand leurs cadavres auront été enlevés, une mare de sang attestera leur passage.

Les cris de *Vengeance! Aux armes!* retentissent aussitôt. Le peuple place les morts dans des tombereaux, et les promène dans toute la ville à la lueur des torches. L'exaspération des esprits est à son comble, Les barricades semblent sortir de dessous terre. Dans toutes les maisons, le peuple demande des armes, tout est bon. Les arbres des boulevards sont tombés sous la hache, et le matin dix-huit barricades ont été élevées depuis la Madeleine jusqu'à la Bastille. Quelques-unes ont douze pieds de haut. Le peuple n'a pas rencontré d'obstacle.

A neuf heures les troupes de ligne reçoivent l'ordre de se retirer dans leurs casernes. M. Molé n'accepte plus la mission qui lui était confiée ; MM. Thiers et Odilon-Barrot sont appelés auprès du Roi. Une proclamation préparée par eux était imprimée à la hâte, affichée et déchirée aussitôt.

M. Emile de Girardin avait préparé une autre proclamation : abdication du roi, régence de Mme la duchesse d'Orléans, dissolution de la chambre, amnistie générale. Le peuple combattait.

Vers sept heures du matin, un feu de peloton s'était fait entendre sur le boulevard, à la hauteur du faubourg Montmartre.

A huit heures, des engagements meurtriers avaient lieu sur le boulevard Saint-Denis. Les troupes casernées au haut du faubourg Poissonnière ont été désarmées par le peuple. La garde nationale est avec lui.

Les derniers efforts du peuple se concentrent sur les Tuileries et le Palais-Royal. A une heure de l'après-midi, le roi sort à pied de son Palais ; il s'appuie sur le bras de la reine ; il est entouré de gardes nationaux à cheval, d'aides-de-camp et d'officiers de service. Ce cortége est arrêté par les mouvements de la foule. Une petite voiture basse attelée d'un cheval reçoit Louis-Philippe et la reine Marie-Amélie, et les emporte vers Saint-Cloud.

La place qu'ils venaient de quitter devait encore être arrosée de sang. Des chefs de la garde nationale circulent parmi les troupes stationnées depuis le matin sur la place, et les engagent à se retirer, pour éviter une nouvelle collision avec le peuple. Des gardes municipaux, retranchés dans un des postes situés aux angles de la place, ne veulent pas céder et tirent par les fenêtres.

Des citoyens, des gardes nationaux tombent pêle-mêle ; le peuple furieux envahit le poste ; il met le feu au corps-de-garde : en un quart-d'heure tout est fini.

Une lutte plus terrible encore se préparait au poste du Château-d'Eau, sur la place du Palais-Royal, défendu par 184 hommes du 14ᵉ de ligne. Le chef de bataillon refuse de se rendre ; il est tué d'un coup de baïonnette. Le combat se prolonge pendant deux heures. Enfin le poste est incendié.

Le général Lamoricière est légèrement blessé au bras et à la poitrine.

Aux Tuileries ! s'écrie le peuple, et il est sur la place du Carrousel, mais le château est ouvert. Le duc de Nemours, prévenu par un lieutenant de la garde nationale, avait fait retirer les troupes, trois mille hommes d'infanterie, six pièces de canon en batterie, deux escadrons de dragons, etc.; assez de sang venait d'être répandu. Quelques instants après, le peuple apparaissait à toutes les fenêtres des Tuileries.

Le dernier acte de ce drame terrible se passe au Palais-Bourbon. A une heure et demie, trois cents députés sont réunis. La duchesse d'Orléans se rend à pied à la chambre avec ses deux enfants; elle est escortée par un grand nombre de gardes nationaux; elle prend place avec ses deux fils sur des fauteuils placés au pied de la tribune. Des généraux, des aides-de-camp les entourent; M. le duc de Nemours est devant elle en uniforme de lieutenant-général.

Les gardes nationaux et les citoyens armés envahissent les couloirs.

M. Dupin monte à la tribune : Le roi a quitté Paris; il a abdiqué en faveur de son petit-fils; Mme la duchesse d'Orléans est régente. M. Marie monte à la tribune. L'hémicycle est envahi par les citoyens. Mme la duchesse d'Orléans et ses enfants se réfugient sur les bancs supérieurs du centre. M. Marie demande un gouvernement provisoire pour maintenir les droits du peuple. M. Crémieux appuie cette opinion. M. Odilon-Barrot annonce qu'un gouvernement dont il fera partie va être formé; il demande la régence, sauf l'appel au pays. La tribune est envahie. M. Ledru-Rollin dit qu'il faut en appeler au peuple seul. M. de Lamartine, après avoir rendu à une princesse malheureuse ce dernier hommage que les poëtes savent si bien rendre aux grandes infortunes, demande aussi un gouvernement provisoire pour conserver les droits du peuple. Des combattants envahissent les tribunes. M. Sauzet est mis en joue et s'enfuit. Le plus grand tumulte règne dans l'assemblée. La garde nationale se forme en haie dans la salle d'entrée. On emporte la duchesse presque évanouie; deux personnes portent ses enfants dans leurs bras. M. le duc de

Nemours, sur les observations qui lui sont faites, quitte son uniforme, se revêt d'une redingote et saute par une fenêtre donnant sur le jardin de la chambre. Presque tous les députés se sont retirés. On crie de toutes parts : A l'Hôtel-de-Ville ! Vive la République ! Il est quatre heures.

Un gouvernement provisoire est constitué.

Il se compose de :

> MM. Dupont (de l'Eure).
> de Lamartine.
> Crémieux.
> Arago.
> Ledru-Rollin.
> Garnier-Pagès.
> Marie.
>
> A. Marrast. ⎫
> L. Blanc.   ⎪
> F. Flocon. ⎬ Secrétaires.
> Albert.   ⎭

Des ministres provisoires sont nommés ;

La République est proclamée, sauf ratification par le peuple, qui sera immédiatement consulté.

La nation française veut avant tout l'ordre et la liberté.

www.ingramcontent.com/pod-product-compliance
Lightning Source LLC
Chambersburg PA
CBHW051325050726

47595CB00008B/3712